Inhalt

Green Goal - Die Fußball-Weltmeisterschaft 2006 soll klimaneutral werden

Kernthesen

Beitrag

Fallbeispiele

Weiterführende Literatur

Impressum

# Green Goal - Die Fußball-Weltmeisterschaft 2006 soll klimaneutral werden

I. Zeilhofer-Ficker

Kernthesen

- Für die Fußball-Weltmeisterschaft 2006 wurde unter dem Motto Green Goal grünes Ziel/grünes Tor erstmals ein weitgehendes Umweltkonzept entwickelt.
- Die WM, die in zwölf Stadien in Deutschland stattfindet, soll die erste klimaneutrale FIFA-Weltmeisterschaft werden.

- Jeder Austragungsort hat auf freiwilliger Basis Aktionen in die Wege geleitet, die negative Umwelteinflüsse verringern sollen.
- Damit der Umweltgedanke auch in der Basis Fuß fasst, wurden alle DFB-Ortsfußballvereine zu einem Umwelt-Wettbewerb aufgerufen.

Beitrag

Ein Tor für die Umwelt will man mit der Aktion Green Goal schießen als erste Fußball-Weltmeisterschaft soll das im nächsten Jahr bei uns stattfindende Turnier klimaneutral bleiben.

Sportgroßereignisse und Umwelt ein problematisches Paar

Die Eintrittskarten zu den 64 Spielen der Fußball-Weltmeisterschaft im nächsten Jahr in Deutschland sind heiß begehrt. Nicht nur die erwarteten 3,2 Millionen Zuschauer in den Stadien sondern auch Reisende, die das Ereignis auf Großbildschirmen auf öffentlichen Plätzen und Gaststätten verfolgen werden, sollen für fünf Millionen zusätzliche Übernachtungen und rund drei Milliarden Euro

Zusatzumsatz sorgen. Der dadurch entstehende Flug-, Auto- und Bahnverkehr wird allerdings auch jede Menge zusätzlicher Abgase, vor allem Kohlendioxid, mit sich bringen. Die Massen in den Stadien und Städten werden den Energie- und Wasserverbrauch erhöhen und ganze Berge von Müll produzieren. Rund 100 000 Tonnen Treibhausgase wird die WM der Welt aufbürden. (1), (2), (www.greengoal.de)

Dass Sportgroßereignisse auch ein Thema für die Umwelt sind, wird bereits seit den frühen 90er Jahren diskutiert. Für die Olympischen Spiele ist deshalb die umweltfreundliche Gestaltung schon seit einigen Jahren Pflicht. Die Grünen Spiele von Sydney im Jahr 2000 als Musterbeispiel können sogar auf ein Gütesiegel von Greenpeace für die besonders umweltgerechte Bauweise und Organisation verweisen. Auch die Olympischen Spiele 2008 in Peking sollen unter dem Motto Grüne Spiele Nachhaltige Entwicklung möglichst wenig negative Umweltauswirkungen haben. (3), (4)

Das Organisationskomitee der Fußball-Weltmeisterschaft 2006 hat sich die Spiele von Sydney zum Vorbild genommen. Auch ohne bindende Verpflichtung durch die FIFA will man den Energie- und Wasserverbrauch sowie das Müllaufkommen um 20 Prozent senken. Zum Ausgleich für die zusätzliche Treibhausgasbelastung durch Verkehr und

Veranstaltungen werden Projekte in Indien und Südafrika gesponsert, die entsprechende Mengen an CO2 einsparen sollen. Das Hauptziel, das durch das umfassende Umweltkonzept erreicht werden soll, ist die totale Klimaneutralität der WM. (1), (2), (5), (www.greengoal.de)

Das Green Goal Konzept

Schon im Jahr 2001 beschloss das Organisationskomitee der Fußball-WM 2006, dass dem Umweltschutz durch die Erstellung eines umfassenden Umweltkonzepts Rechnung getragen werden soll. Mit der Entwicklung und Umsetzungdes Konzepts wurde das Freiburger Öko-Institut beauftragt. Es soll dafür sorgen, dass in allen Stadien und WM-Städten alle wirtschaftlich sinnvollen Möglichkeiten zum Energie- und Wassersparen ausgeschöpft werden, dass Müllkonzepte umgesetzt werden, die in erster Linie auf Abfallvermeidung abzielen, und dass die örtlichen Verkehrsplanungen im Hinblick auf Umweltaspekte optimiert werden. Ein um 20 Prozent niedrigerer Energie- und Trinkwasserverbrauch sowie ein Fünftel weniger Müll und Abgase sind die ehrgeizige Zielsetzung dabei. (6), (www.greengoal.de)

Klimaneutralität durch Projekte in Indien und Afrika

Die Neutralisierung der durch Verkehr und Veranstaltungen entstehenden zusätzlichen Klimagase ist durch Einsparungen im Inland allein nicht möglich. In Zusammenarbeit mit der UNEP, dem Umweltprogramm der Vereinten Nationen, investiert der Deutsche Fußballbund (DFB) deshalb rund 500 000 Euro in ein Biogas-Projekt im indischen Tamil Nadu. Diese Region, die vom Tsunami 2004 schwer getroffen wurde, soll Biogasanlagen erhalten, in denen Kuhdung zur Gaserzeugung vergoren wird. Dieses Gas wird dann für umweltschonendes Kochen und Heizen verwendet. Neben der Einsparung von rund 30 000 Tonnen Kohlendioxid werden der Bevölkerung auch Atemwegs- und Lungenerkrankungen durch Rauch erspart. (5), (7), (8), (www.greengoal.de)

Die restlichen 70 000 Tonnen Klimagas sollen durch ähnliche Projekte in Südafrika neutralisiert werden. Die Finanzierung dieser Projekte ist allerdings noch nicht ganz geklärt und der DFB sucht nach Sponsoren, die hierfür Gelder bereit stellen. (5)

Umweltwettbewerb für Fußballvereine an der Basis

Um den Umweltschutzgedanken auch in die Basis des DFB, also zu den kleinen Ortsvereinen zu bringen, wurde die Vereinskampagne Green Goal Klub 2006 Die FIFA WM im Verein gestartet.
Alle Vereine waren aufgerufen, Umweltschutzideen zu entwickeln und umzusetzen sowie einen WM-Tag zu organisieren. Außerdem musste jeder teilnehmende Verein eine WM-Fahne gestalten. Die besten Ideen werden natürlich belohnt. So winken zum Beispiel ein Trainingsspiel mit der Nationalmannschaft, Freundschaftsspiele mit Bundesligavereinen sowie diverse Eintrittskarten als attraktive Preise. Schon jetzt kann die Aktion als voller Erfolg gewertet werden rund 4000 Vereine aus ganz Deutschland haben sich an dem Wettbewerb beteiligt. (9), (www.greengoal.de)

Fallbeispiele

Jedes der zwölf WM-Stadien hat sein eigenes Konzept für Umweltmanagement vorgestellt. Gleich ist dabei allen Austragungsorten, dass alle Eintrittskarten auch zur Nutzung des öffentlichen Nahverkehrs berechtigen. Die großen Autolawinen hofft man damit zu vermeiden. (11)

Einige Beispiele wie Austragungsorte auf die Aktion Green Goal reagieren:

München

Die erst im Mai 2005 eingeweihte Allianz-Arena wurde auch im Hinblick auf ökologische Erfordernisse nach modernsten Erkenntnissen gebaut. Auf Tiefbauwerke wurde komplett verzichtet, um die Grundwasserströme nicht zu belasten. Energiesparlampen sind selbstverständlich. Für die Versorgung mit Speisen und Getränken wird ein neues Recyclingmaterial für Geschirr getestet, das die ökologischen Vorteile von Mehrweggeschirr mit den ökonomischen Vorteilen von Einwegbechern und Tellern vereint. In 2006 wird außerdem ein Umweltmanagementsystem eingeführt, das die EMAS-Zertifizierung zum Ziel hat. (12), (13), (www.greengoal.de)

Nürnberg

Drei Zisternen wurden in Nürnberg gebaut, die rund eine Million Liter Regenwasser speichern können. Mithilfe von Unterwasserpumpen wird dieses Wasser zur Bewässerung des Spielfeldrasens aber auch von zwei Trainingsplätzen sowie den Liegewiesen des Stadionbads verwendet. Über 30 000 Euro Wassergebühren will man so jährlich einsparen. Auch Nürnberg strebt die EMAS-Zertifizierung an. (13), (www.greengoal.de)

Frankfurt

Die getrennte Abfallsammlung wird es hier nicht nur im Stadion sondern auch an den öffentlichen Übertragungsplätzen geben. Daneben wurden alle Wege und Plätze um das Stadion herum wasserdurchlässig gestaltet, sodass Regenwasser ungehindert versickern kann. Neben dem Ausbau der Straßenbahnkapazität wurde auch für bewachte Fahrradparkplätze gesorgt. (14)

Dortmund

Da das Stadiondach selbst nicht tragfähig genug für eine Photovoltaik-Anlage ist, wurde diese auf einer

Messehalle nur 200 Meter vom Stadion entfernt errichtet. 250 000 Kilowattstunden Strom aus Sonnenenergie wird diese Anlage pro Jahr erzeugen und damit genug Energie zur Verfügung stellen, um die Flutlichtanlage im Stadion zu betreiben. (www.greengoal.de)

Kaiserslautern

Auch Kaiserslautern setzt auf die Sonne. Durch das Programm Solarstadt Kaiserslautern will man den Anteil an Solarstrom bis 2006 von 19 Watt auf 32 Watt pro Einwohner steigern. Viele öffentliche Gebäude wurden bereits mit Photovoltaikanlagen ausgestattet und weitere Anlagen bei Firmen und für Privathäuser sind geplant. (www.greengoal.de)

TSV Ofterdingen gewinnt im Vereins-Wettbewerb

Mit einem Freundschaftsspiel gegen den FC Freiburg wurde der TSV Ofterdingen für sein Engagement in Sachen Umwelt belohnt. Die vereinseigene Solaranlage sorgt für den Strom für das Flutlicht und ein Solar-Tag informierte die Besucher über Umweltalternativen wie Hybrid-Autos und Solar-Rasenmäher. (www.greengoal.de)

Weiterführende Literatur

(1) Friedrich, Andreas, Fußball-WM mit Auflagen für die Umwelt, LVZ/Leipziger-Volkszeitung, 15.04.2005, S. 2
aus AUTOHAUS Online vom 23.09.2005

(2) Peschke, Sara, WM schafft gutes Klima Green Goal: Für die Organisatoren spielt Umweltschutz wichtige Rolle, Mainzer Allgemeine Zeitung vom 05.10.2005
aus AUTOHAUS Online vom 23.09.2005

(3) O. V., Ein Siegel von Greenpeace, Süddeutsche Zeitung, 27.06.2000, Ausgabe Deutschland, S. 45
aus AUTOHAUS Online vom 23.09.2005

(4) Ein Riese regt sich
aus Wasser Abwasser Praxis 01 vom 22.04.2005 Seite 079

(5) DFB startet mit UN Umweltprojekt
aus netzeitung.de vom 06.09.2005

(6) O. V., Aktion saubere WM, Süddeutsche Zeitung, 10.11.2004, Ausgabe Deutschland, S. 35
aus netzeitung.de vom 06.09.2005

(7) Töpfer verlängert seinen Vertrag nicht
aus Frankfurter Allgemeine Zeitung, 07.09.2005, Nr. 208, S. 6

(8) Auf dem Weg zur klimaneutralen Fußballweltmeisterschaft
aus Hamburger Abendblatt, 07.09.2005, Nr. 209, S. 31

(9) Hammermüller, Claudia, FIFA-Wettbewerb öffnet Leipziger Verein vielleicht das Tor zu Trainingsspiel gegen deutsche Nationalmannschaft, LVZ/Leipziger Volkszeitung, 14.07.2005, S. 19
aus Hamburger Abendblatt, 07.09.2005, Nr. 209, S. 31

(10) Von Deutschen lernen
aus Süddeutsche Zeitung, 03.06.2005, Ausgabe Deutschland, S. 31

(11) Der Ball soll 2006 grün rollen Jürgen Trittin stellt das Umweltprojekt zur Weltmeisterschaft vor
aus Berliner Zeitung, Ausgabe 85 vom 13.04.2005, S. 1

(12) Auch die Natur soll bei der WM siegen
aus Süddeutsche Zeitung, 28.09.2005, Ausgabe Deutschland, S. 34

(13) Das Öko-Stadion
aus Süddeutsche Zeitung, 12.05.2005, Ausgabe Deutschland, S. 37

(14) O. V., Die Fußball-WM soll besonders umweltfreundlich werden Nicht nur der Rasen ist grün, Frankfurter Neue Presse vom 20.08.2005, S. 14
aus Süddeutsche Zeitung, 12.05.2005, Ausgabe Deutschland, S. 37

Impressum

Green Goal - Die Fußball-Weltmeisterschaft 2006 soll klimaneutral werden

Bibliografische Information der deutschen Nationalbibliothek

Die Deutsche Nationalbibliothek verzeichnet diese Publikation in der deutschen Nationalbibliografie; detaillierte bibliografische Daten sind im Internet über http://dnb.d-nb.de abrufbar.

ISBN: 978-3-7379-1457-4

© 2015 GBI-Genios Deutsche Wirtschaftsdatenbank GmbH, Freischützstraße 96, 81927 München, www.genios.de

Alle Rechte vorbehalten. Dieses Werk ist einschließlich aller seiner Teile – z.B. Texte, Tabellen und Grafiken - urheberrechtlich geschützt. Jede Verwertung außerhalb der Grenzen des Urheberrechtsgesetzes bedarf der vorherigen Zustimmung des Verlags. Dies gilt insbesondere auch für auszugsweise Nachdrucke, fotomechanische

Vervielfältigungen (Fotokopie/Mikroskopie), Übersetzungen, Auswertungen durch Datenbanken oder ähnliche Einrichtungen und die Einspeicherung und Verarbeitung in elektronischen Systemen.